Die
Meditations-
Bücher

Antoine de Saint-Exupéry

Bilder von Peter A. Thomas

Das Fest der Zuneigung

Herder Freiburg · Basel · Wien

Wenn du das Wort Glück begreifen willst,
mußt du es als Lohn
und nicht als Ziel verstehen.

Es kommt darauf an,
daß du auf etwas zugehst,
nicht daß du ankommst.

Denn du lebst nicht von den Dingen,
sondern vom Sinn der Dinge.

Ich erkenne die Freundschaft daran,
daß sie sich nicht enttäuschen läßt,
und ich erkenne die wahre Liebe daran,
daß sie nicht gekränkt werden kann.

Willst du ein Schiff bauen,
rufe nicht Männer zusammen,
um Holz zu beschaffen
und Werkzeuge vorzubereiten –
sondern lehre sie die Sehnsucht
nach dem weiten, endlosen Meer!

Gegen das Gewicht der Dinge
kannst du nicht ankämpfen.
Es geht darum,
es zu ändern.

Sehnsucht nach Liebe ist Liebe.
Und siehe, du bist schon gerettet,
wenn du versuchst,
der Liebe entgegenzuwandern.

Es kommt auf die Stille
in der Seele des Menschen an
und auf die Seele des Menschen,
in der diese Stille ihren Sitz hat.

Kummer entsteht
stets aus der verrinnenden Zeit,
die ihre Frucht nicht ausgereift hat.

Der ist töricht,
der von Gott eine Antwort erwartet.
Wenn Er dich aufnimmt, wenn Er dich heilt,
so geschieht es,
weil Er mit Seiner Hand deine Fragen
gleich dem Fieber von dir nimmt.

Ich kann nicht voraussehen,
aber ich kann zu etwas den Grund legen.
Denn die Zukunft baut man.

Herr,
leihe mir ein Stück Deines Mantels,
damit ich alle Menschen
mit der Last ihrer großen Sehnsucht
darunter berge!

Und wenn du mir einen Schatz bringst,
will ich ihn so empfindlich und leicht,
daß noch der Wind ihn mir entwinden könnte.

Je höher die Wahrheit ist,
von desto höherer Warte
mußt du Ausschau halten,
um sie zu begreifen.

Wahre Liebe verausgabt sich nicht.
Je mehr du gibst,
um so mehr verbleibt dir.

Willst du den Bau eines Tempels verbieten,
der schön ist,
aus Furcht vor dem Erdbeben, das dereinst
einen schönen Tempel zerstören könnte?

Der Gegensatz des Feuers ist die Asche –
aber sie hütet das Feuer.

Du kannst nur von dem leben,
was du verwandelst
und woran du täglich ein wenig stirbst,
da du dich dagegen austauschst.

Höre nicht auf die Reden der Menschen,
wenn es dein Wunsch ist, sie zu verstehen.

Worüber beklagst du dich?
Es gibt keine versäumten Gelegenheiten,
denn deine Aufgabe besteht darin,
Same zu sein.

Eine Produktion von Peter A. Thomas
Texte aus „Die Stadt in der Wüste“ von Antoine de Saint-Exupéry,
aus dem Französischen von Oswalt von Nostitz,
nach der im Karl Rauch Verlag GmbH
erschienenen Ausgabe „Gesammelte Schriften“, Düsseldorf 1959

Alle Fotos wurden mit Olympus-Cameras OM-2 und OM-4
und Objektiven des OM-Systems Zuiko
auf Filmmaterial Agfachrome 50 S Professional aufgenommen.

ISBN 3-451-20506-8

In gleicher Ausstattung sind erhältlich:
Worte der Bergpredigt: Überall ist Liebe
Joseph von Eichendorff: Trost der Geborgenheit
Charles de Foucauld: Allen Menschen Bruder sein
Franz von Assisi: Freude der Schöpfung
J. W. von Goethe: Schönheit wächst im Herzen
Hermann Hesse: Licht ist Hoffnung
Worte des Johannes: Liebe ist ein Geschenk
Eduard Mörike: Glück der Zufriedenheit
Rainer Maria Rilke: Geheimnis der Sehnsucht